Niños artesanos

Los patrones

Char Benjamin

Créditos

Dona Herweck Rice, *Gerente de redacción*; Lee Aucoin, *Directora creativa*; Don Tran, *Gerente de diseño y producción;* Sara Johnson, *Editora superior*; Evelyn Garcia, *Editora asociada;* Neri Garcia, *Composición;* Stephanie Reid, *Investigadora de fotos*; Rachelle Cracchiolo, M.A.Ed., *Editora comercial*

Créditos de las imágenes

cover Beata Becla/Shutterstock; p.1 Beata Becla/Shutterstock; p.4 Cynthia Farmer/Shutterstock; p.5 Gravicapa/Shutterstock; p.6 Stephanie Reid; p.7 Christopher Hall/Shutterstock; p.8 Michael Jenner/Alamy; p.9 photo25th/Shuttersock; p.10 Lee Aucoin; p.11 Lee Aucoin; p.12 (top) Dewitt/Shutterstock, (bottom) Stephanie Reid; p.13 (left) marymary/Shutterstock, (right) Piksel/Dreamstime/Tischenko Irina/Shutterstock; p.14 Stephanie Reid; p.15 Madartists/Dreamstime; p.16 Stephanie Reid; p.17 Stephanie Reid; p.18 Stephanie Reid; p.19 Stephanie Reid; p.20 Stephanie Reid; p.21 Stephanie Reid; p.22 (top) Christophe Testi/Shutterstock, (bottom left) Carlos Caetano/Dreamstime, (bottom right) Freddy Eliasson/Shutterstock; p.23 Christophe Testi/Shutterstock; p.24 Hermi/iStockphoto; p.25 (left) Index Stock Imagery/Newscom, (right) K. Alwan/iStockphoto; p.26 (left) Stephanie Reid, (middle) AndyL/iStockphoto, (top right) Stephanie Reid, (bottom right) Oliver Hamalainen/iStockphoto; p.27 Hannamariah/Dreamstime; p.28 Oliver Hamalainen/iStockphoto

Teacher Created Materials

5301 Oceanus Drive
Huntington Beach, CA 92649-1030
http://www.tcmpub.com
ISBN 978-1-4333-2728-5
©2011 Teacher Created Materials, Inc.
Printed in China

Tabla de contenido

Organicemos la venta de las artesanías

Mi escuela va a tener una venta de las artesanías. Cada clase venderá las artesanías que hagan los estudiantes.

Hoy
venta de las
artesanías

El dinero que ganemos se usará para comprar nuevos libros para la biblioteca.

Preparemos las artesanías

Todas las artesanías tienen un **patrón**.
Una de las clases prepara bolsas para
regalo. Los estudiantes necesitan
estampar las bolsas.

Luego agregan a las bolsas papel de seda del mismo color. Tienen bolsas diferentes para cada tamaño de regalo.

Exploremos las matemáticas

Los estudiantes tienen 4 estampas diferentes: un cuadrado, un corazón, una estrella y un triángulo.

a. Dibuja un patrón en que podrían hacer que use 3 de las figuras.

b. Dibuja un patrón que podrían hacer que use todas las figuras.

Otra clase hace manteles individuales. Puedes comprarlos en conjuntos de 2 ó 4.

Si compras un conjunto de 4 manteles individuales, ¡también te llevas **portavasos**!

Éstos son los patrones de color de los cuadrados de tres manteles individuales.

Mantel individual 1

rojo rojo azul azul rojo rojo azul azul ____

Mantel individual 2

rojo azul azul verde rojo azul azul verde rojo ____

Mantel individual 3

rojo azul verde rojo azul verde rojo azul _____

a. ¿Cuál es el siguiente color en el patrón del mantel individual 1?

b. ¿Cuál es el siguiente color en el patrón del mantel individual 2?

c. ¿Cuál es el siguiente color en el patrón del mantel individual 3?

Una clase hace **agarraderas.** Los
estudiantes usan un pequeño **telar.**

Las agarraderas tienen patrones. Se necesitan 36 lazadas para hacer una agarradera.

Una clase hace marcos.

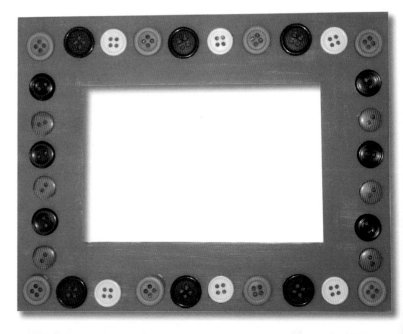

Los estudiantes usan botones para hacer los patrones en los marcos. También diseñan patrones con pintura.

Un marco tiene botones que forman el siguiente patrón.

a. ¿Qué color de botón continúa en el patrón?

b. ¿Qué color es el botón número 15?

Una clase hace yoyos de papel.

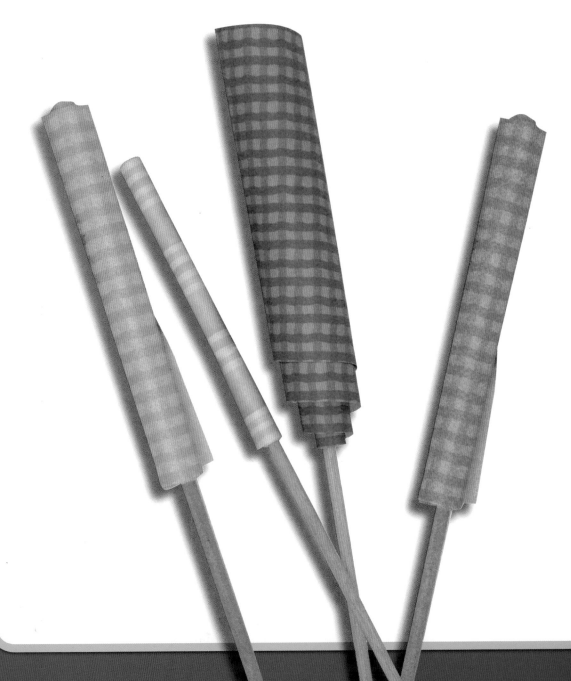

Los estudiantes envuelven largas tiras de papel de regalo alrededor de **palillos**. Es divertido hacerlos. ¡También es divertido jugar con estos yoyos!

Exploremos las matemáticas

La clase usa un papel de regalo con patrones decorativos. Observa el siguiente papel.

a. ¿Qué clase de patrón tiene?

b. Realiza este mismo patrón con otros colores.

Otra clase prepara prendedores. Los estudiantes usan cuentas. Ponen las cuentas en imperdibles.

Los estudiantes crean muchos patrones diferentes con las cuentas.

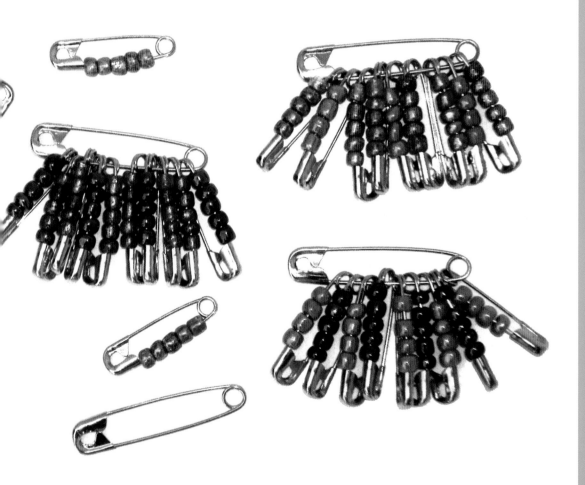

Una clase hace atrapasueños.

Los estudiantes hacen patrones con cuentas.

Nuestra clase prepara marcadores de libros. ¡Los marcadores son muy coloridos!

Hacemos patrones con botones.
Luego pegamos los botones sobre
cintas.

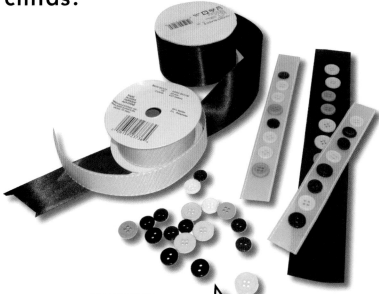

Exploremos las matemáticas

Observa el patrón del siguiente
marcador de libros.

a. ¿De qué color es el botón número
7?

b. Dibuja el mismo patrón pero usa
otras figuras.

La **directora** también hace lápices para vender. Dice que sus lápices harán que la tarea sea divertida.

Incluso hace un cartel para ayudar a vender los lápices.

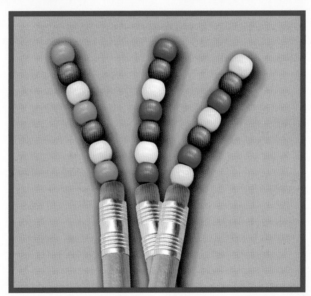

¡Elige un patrón!

2 lápices por $1.00

En la venta de las artesanías

La maestra de arte maquilla rostros.
Cuesta $1.00.

A los niños les gustan los murciélagos.
A las niñas les gustan las estrellas.

Dinero para los libros

¡La venta de las artesanías fue un éxito! Tanto los niños como los adultos se divirtieron haciendo compras.

Artesanía	Ganancia
bolsas de regalo	$5.00
manteles	$5.00
agarraderas	$10.00
cuadros	$10.00
yoyós de papel	$5.00
prendedores con cuentas	$15.00
atrapasueños	$10.00
marcadores de libros	$5.00
maquillaje de rostros	$25.00
lápices	$10.00
Total ganado para libros	$100.00

La **bibliotecaria** también irá de compras muy pronto. ¡Comprará nuevos libros!

Decoremos las maracas

Tu clase de música está haciendo maracas. Cada maraca tiene un patrón. La maestra de música quiere que uses 4 figuras diferentes para hacer el patrón. ¿Qué patrón harás? ¿Qué figura es el número 12 de tu patrón?

¡Resuélvelo!

Sigue estos pasos para resolver el problema.

Paso 1: Elige 4 figuras diferentes.

Paso 2: Elige el patrón que te gustaría diseñar.

Paso 3: Usa las figuras que elegiste para hacer el patrón.

Paso 4: Repite el patrón hasta hallar la figura que ocupa el lugar número 12.

Glosario

agarraderas—trozos gruesos de tela que se usan para sujetar cacerolas y ollas calientes

bibliotecario—persona encargada de una biblioteca

directora—persona encargada de una escuela

palillos—trozos pequeños y delgados de madera para hacer artesanías

patrón—algo que se repite muchas veces

portavasos—pequeños manteles para apoyar vasos o tazas

telar—marco utilizado para enhebrar hilo y hacer tejidos

Índice

Exploremos las matemáticas

Página 7:
a. Las respuestas pueden variar.
b. Las respuestas pueden variar.

Página 9:
a. rojo
b. azul
c. verde

Página 13:
a. anaranjado
b. azul

Página 15:
a. patrón ABC: azul, verde, blanco
b. Las respuestas pueden variar.

Página 21:
a. amarillo
b. Las respuestas pueden variar.

Resuelve el problema

Las respuestas pueden variar según el patrón diseñado.